T5-BYO-261

*Two well-known symbols of
Copenhagen: The official
town arms and the spire of
Christiansborg, the seat of
the Danish Parliament.*

*Zwei bekannte Wahr-
zeichen Kopenhagens: das
offizielle Stadtwappen und
die Turmspitze von Chri-
stiansborg, dem Sitz des
dänischen Folketings.*

*Deux des symboles bien
connus de Copenhague: les
armes officielles de la ville
et la flèche du palais du
gouvernement danois,
le Christiansborg.*

*Dos de los conocidos
símbolos de Copenhague: el
escudo oficial de la capital
y la aguja del Palacio de
Christiansborg, sede del
gobierno danés.*

Photos: Dino Sassi, Peter Grønlund, Jørgen Grønlund
Design: Dino Sassi
Text: Leif Plenov   English: Adam Grandjean 🦢 Deutsch: Dr. G. Rona
🦢🦢 Français: Christy Grandjean 🦢🦢🦢 Español: Vibeke Pentz-Møller
GRØNLUND PUBLISHERS DK-1456 COPENHAGEN K
ISBN 87-87108-13-5

erful
enhagen

This book tells in pictures about the capital of Denmark and the whole of Scandinavia — about the city with the many towers, the picturesque canals and the beautiful buildings with their abundance of historical and cultural merits. It tells about the town which is the seat of the Danish Government and of the oldest existing royal house in Europe.

However, what cannot be seen on the pictures are the clean, clear air and the low noise level. Although Copenhagen is the biggest city in Scandinavia, it lacks many of the typical features found in other big cities. For example, it has no air pollution, no dirty streets and no traffic jams.

Behind the facades of Copenhagen are hidden numerous cafés, night clubs, bodegaes and restaurants, where good Danish food is served, almost as a national jewel — not least the famous smorgasbord. Bakers and patisseries sell the world's best pastry. Shops with a great choice of Danish design: tinplate and silver, porcelain and ceramics, skins and leather etc. besides the entire international assortment.

Neither can the picture show that which actually is the town's most important asset: the smiling friendly atmosphere. The hospitable and helpful attitude of the copenhageners go beyond almost any language barrier.

The pictures only show the external beauty of the town. You yourself must come and sense the internal values. With this book in your hand you will be inspired to experience a lot and later to remember what you experienced. All that which has made the town known all over the world: Wonderful Copenhagen.

Dieses Buch erzählt in Bildern von der Hauptstadt Dänemarks und des gesamten Nordens – von der Stadt mit den vielen Türmen, den malerischen Kanälen und den schönen Gebäuden mit ihrem Reichtum an historischen und kulturellen Schätzen. Von der Stadt, die Hauptsitz der dänischen Regierung und des ältesten Königshauses in Europa ist. Was man aber nicht auf den Bildern sehen kann, ist die reine, klare Luft und der niedrige Lärmpegel. Obwohl Kopenhagen die größte Stadt des Norden ist, fehlen hier viele der typischen Züge, die man in anderen Großstädten findet. Es gibt zum Beispiel keine Luftverschmutzung, keine schmutzigen Straßen, keinen Verkehrsstau.

Hinter den Fassaden von Kopenhagen verbergen sich unzählige Cafés, Nachtklubs, Gastwirtschaften und Restaurants, wo einem des gute dänische Essen serviert wird, das fast ein nationales Kleinod ist – nicht zuletzt das berühmte Smørrebrød. Bäckereien und Konditoreien mit dem besten »Wienerbrød« (dänischem Plundergebäck) der Welt. Läden mit reichhaltiger Auswahl an dänischem Design von Zinn und Silber, Porzellan und Keramik, Leder und Fellen usw. nebst dem gesamten internationalen Warensortiment.

Die Bilder können auch das nicht zeigen, was in Wirklichkeit der wichtigste Aktivposten der Stadt ist: die lächelnde, freundliche Atmosphäre. Die hilfsbereite, gastfreie Einstellung der Kopenhagener, die fast alle sprachlichen Schranken überwindet.

Die Bilder zeigen bloß die äußere Schönheit der Stadt. Die inneren Werte müssen Sie selbst an Ort und Stelle empfinden. Mit dem Buch in der Hand werden Sie zu spannenden Erlebnissen angeregt werden und sich später an das erinnern, was Sie erlebt haben. All das, was die Stadt in der ganzen Welt als Wonderful Copenhagen bekannt gemacht hat.

〰〰 Ce livre parle en images de la capitale du Danemark et de tout le Nord de l'Europe – de la ville aux tours multiples, aux canaux pittoresques et aux beaux bâtiments, contenants une abondance de richesses historiques et culturelles. De la ville comme siège du gouvernement danois et de la plus ancienne et encore vivante maison royale de l'Europe. Copenhague, ville royale.

Ce qu'on ne voit pas des images est que l'air est pur et clair, et que le niveau du bruit est bas. Bien que Copenhague soit la plus grande ville de la Scandinavie, il lui manque beaucoup des traits typiques des autres grandes villes. Il n'y a pas de pollution de l'air, pas de rues malpropres, pas d'embouteillages.

Derrière les facades de Copenhague se cachent de nombreux cafés, nights, cabarets et restaurants, où on vous sert la bonne nourriture danoise, qui est presque un trésor national – surtout peut-être le fameux «smørrebrød». Les boulangeries et les pâtisseries font la meilleure «pâtisserie danoise» – dite viennoise-du monde. Les magasins on un grand choix de «design danois», en étain et argent, porcelaine et céramique, en fourrure et cuir, etc., et tout l'assortiment international en plus.

Et les images ne montrent pas non plus ce qui en réalité est le plus grand mérite de la ville, l'ambiance souriante et aimable. La mentalité obligeante et accueillante des copenhaguois vainc presque toutes les barrières de langage. Les images ne montrent que la beauté extérieure de la ville, ses valeurs intrinsèques, vous les apercevrez vous-même en venant ici. Avec le livre en main vous serez inspiré à tenter des expériences intéressantes, et plus tard à vous souvenir des choses vécues. De tout ce qui a rendu celèbre la ville au monde entier comme «Merveilleux Copenhague».

〰〰〰 Este libro relata en fotos sobre la capital de Dinamarca y de todo el Norte – la ciudad de las muchas torres, los pintorescos canales y los bellos edificios con su abundancia de preciosidades históricas y culturales. Cuenta sobre la ciudad sede del gobierno danés y de la casa real más antigua que existe hoy en Europa.

Pero, lo que no se puede ver en las fotos es el aire puro y sereno y el bajo nivel de ruido. A pesar de ser Copenhague la ciudad más grande del Norte, está exenta de muchos de los rasgos típicos de otras metrópolis. No hay contaminación atmosférica, ningunas calles sucias, ningunas embotellamientos de tráfico.

Detrás de las fachadas de Copenhague se hallan un sinnúmero de cafés, boites, tabernas y restaurantes donde se sirva la buena comida danesa, casi un tesoro nacional – ante todo el renombrado «smoerrebroed», una rebanada de pan con mantequilla y fiambres. Panaderías y pastelerías con la especialidad danesa el «Wienerbroed» mejor del mundo. Tiendas con un amplio surtido de artículos de diseño danés, en estaño y plata, porcelana y cerámica, pieles y cuero, etc., además de una abundancia de objetos internacionales.

En las imágenes tampoco se hace manifestar lo que en realidad es el mejor activo de la capital, el ambiente risueño y agradable. La actitud cordial y hospitalario de los copenhaguenses que vence casi cualquier barrera idiomática.

Las fotos representan tan sólo la belleza visible de la ciudad. Para conocer los valores intrínsecos y saborearlos se necesita estar aquí. Con este libro en la mano Vd. se inspirará para vivencias multifacetadas que guardará en su memoria. Todo lo que ha dado a nuestra capital por todo el mundo el nombre de «Maravillosa Copenhague».

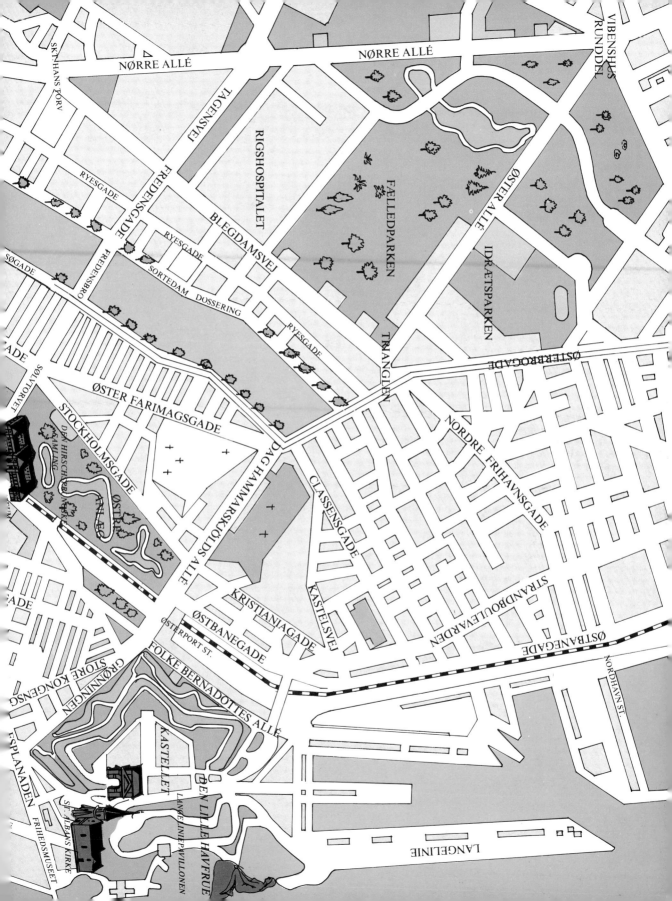

Absalon was one of Denmark's great sons – statesman, commander and bishop. He founded Copenhagen in 1167. Here he is on horseback on Højbro Plads with the spire of St. Nicolai Church in the background. There is another statue of him on the facade of the Town Hall of Copenhagen, below the example of the town arm shown here.

🔊 Absalon war einer der großen Söhne Dänemarks – Staatsmann, Heerführer und Bischof. Er gründete Kopenhagen im Jahr 1167. Hier sieht man ihn zu Pferde auf dem Højbro Plads. Eine andere Statue von ihm findet sich auf der Fassade des Kopenhagener Rathauses unter der Ausgabe des Stadtwappens, die man hier sieht.

🔊🔊 Absalon était un des grands fils du Danemark – homme d'état, capitaine et évèque. En 1167 il devint le fondateur de Copenhague. Le voilà sur son cheval à la place de Højbro, avec au fond la tour de l'église de St. Nicolas. Une autre statue le représentant se trouve sur la face de l'hôtel de ville, sous la version des armes de la ville représentée ici.

🔊🔊🔊 Absalón fue uno de los grandes hijos de Dinamarca – estadista, jefe de ejército y obispo. Fundó Copenhague en 1167. He aquí su estatua ecuestre en la Plaza de Højbro, con la torre de la Iglesia de San Nicolás en el fondo. Otra estatua de Absalón se halla en la fachada del Ayuntamiento de Copenhague, debajo del escudo de la ciudad en la versión aquí representada.

The original name of Copenhagen was Havn (= Harbour), and throughout the history of the town, the importance of the harbour has been enormous. On the water's edge on Langelinie you find the unimpressive but worldfamous statue of Hans Christian Andersen's "The Little Mermaid". 🔊 Kopenhagen hieß ursprünglich Havn (= Hafen) – und in der Geschichte der Stadt war der Hafen stets von kolossaler Bedeutung. An der Wasserkante, an der Langelinie, findet man die unansehnliche, aber weltberühmte Statue der »Kleinen Meerjungfrau« Hans Christian Andersens.

A l'origine le nom de Copenhague était Havn – port – et à travers toute l'histoire de la ville, le port a eu une importance énorme. Au bord de la mer, à Langelinie, se trouve la statue pas très grande, mais fameuse au monde entier, de la petite sirène du conte de Hans Christian Andersen. El nombre originario de Copenhague era Havn, que significa puerto – y durante toda la historia de la ciudad éste ha sido de enorme importancia. Al borde del mar en Langelinie se ve la estatua poco ostentosa pero mundialmente renombrada, «La Sirenita» del cuento de Hans Christian Andersen.

The Gefion Fountain near Langelinie is the most imposing in Copenhagen. It represents the legend about the Nordic goddess Gefion who transformed her four sons into oxen and ploughed a piece of Denmark out of Sweden. Thus were formed the isle of Zealand and the big Swedish lake Vänern. The fountain was made by the sculptor Anders Bundgaard in 1908 for the Carlsberg Foundation.

The royal yacht "Dannebrog" named after the Danish national flag – often anchors at Langelinie. The barge of the royal yacht with Her Majesty the Queen on board is here on its way to the ship. The picture to the right shows the Gefion Fountain sideways. The water cascades give you a vivid illusion that the oxen are struggeling on. In the background the English Church in Copenhagen, St. Alban's.

Der Gefion-Springbrunnen an der Langelinie ist der imposanteste von Kopenhagen. Er illustriert die Sage von der nordischen Göttin Gefion, die ihre vier Söhne in Ochsen verwandelte und ein Stück Dänemark aus Schweden herauspflügte. Dadurch entstand die Insel Seeland und der große schwedische See Vänern. Der Springbrunnen wurde von dem Bildhauer Anders Bundgaard 1908 für den Fonds der Carlsberg-Brauereien ausgeführt.

Das Königsschiff »Dannebrog« – benannt nach der dänischen Nationalflagge – liegt oft an der Langelinie vor Anker. Hier ist die königliche Schaluppe mit der Königin an Bord unterwegs zum Schiff. Das Bild rechts zeigt den Gefion-Springbrunnen von der Seite gesehen. Die Kaskaden des Brunnens rufen die lebhafte Illusion hervor, daß sich die Ochsen vorwärtskämpfen. Im Hintergrund die englische Kirche in Kopenhagen, St. Alban's Church.

La fontaine de Gefion à Langelinie est la plus monumentale de Copenhague. Elle illustre la légende de la déesse nordique Gefion, qui transforma se quatre fils en boeufs et en laborant tailla un morceau du Danemark de la Suède. Ce fut la naissance de l'île de Seeland et du grand lac suèdois, le Vänern. La fontaine fut exécutée en 1908 par le sculpteur Anders Bundgaard pour la fondation des brasseries Carlsberg.

Le yacht royal « Dannebrog » – du nom du drapeau national danois – est souvent au mouillage à Langelinie. Voici le canot royal avec la reine à bord, en route vers le yacht. A droite la fontaine de Gefion vue de côté. Les cascades donnent une illusion ressemblante de la lutte des boeufs avec la terre. A l'arrière-plan l'église anglaise de Copenhague, St. Alban's Church.

La fuente de Gefion junto a Langelinie, es la más impresionante de Copenhague. Ilustra la leyenda de la diosa nórdica Gefion que convirtió a sus cuatro hijos en bueyes, arando con ellos en Suecia un pedazo de Dinamarca. Así se crearon la isla de Selandia y el gran lago sueco de Vänern. En 1908 el escultor Anders Bundgaard ejecutó la fuente, costeada por el fondo de las Fábricas de Cerveza de Carlsberg.

El buque real danés «Dannebrog» debe su nombre a la bandera nacional danesa – a menudo está anclado fuera de Langelinie. He aquí la chalupa real con la reina a bordo, camino del buque. La foto a la derecha presenta la fuente de Gefion vista del lado. Las cascadas de agua dan una viva impresión de cómo los bueyes con su fuerza surcan la tierra. En el fondo la iglesia anglicana de Copenhague, Sct. Alban's Church.

Three historical monuments near Langelinie: The idyllic fortification Kastellet from 1629, open to the public – the Museum of the Danish Resistance Movement 1940–45 and the stone in memory of the Denmark-expedition 1906–08, one of the big Danish sledge dog expeditions in Greenland.

☙ Drei historische Denkmale in der Nähe der Langelinie: Die idyllische Festungsanlage Kastellet aus dem Jahre 1629, zu der die Öffentlichkeit Zutritt hat – Das Museum für den Freiheitskampf Dänemarks 1940–45 – Der Gedenkstein zur Erinnerung an die Danmark-Expedition 1906–08, eine der großen dänischen Entdeckungsreisen mit Hundeschlitten in Grönland.

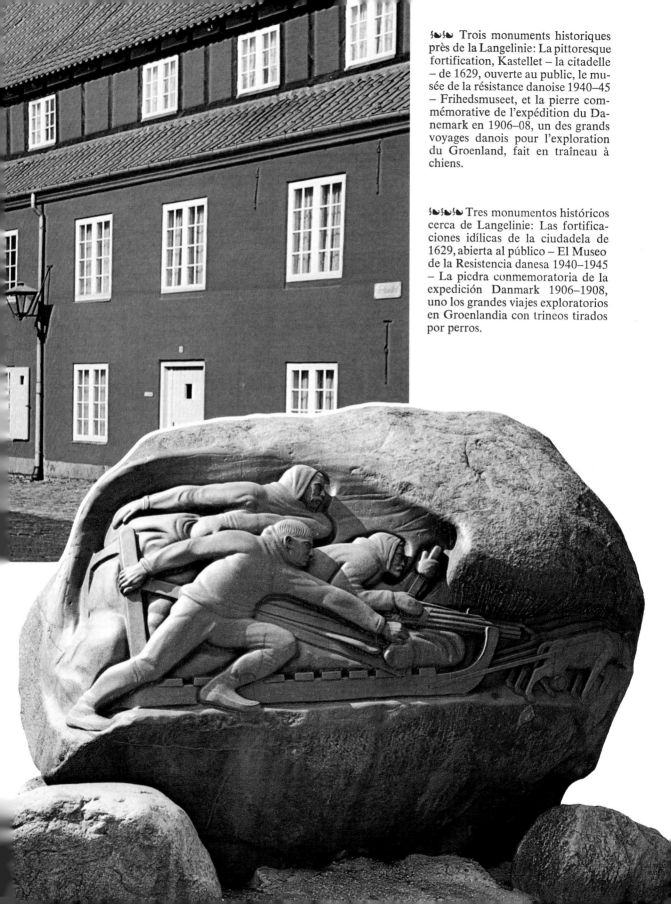

🌿🌿 Trois monuments historiques près de la Langelinie: La pittoresque fortification, Kastellet – la citadelle – de 1629, ouverte au public, le musée de la résistance danoise 1940–45 – Frihedsmuseet, et la pierre commémorative de l'expédition du Danemark en 1906–08, un des grands voyages danois pour l'exploration du Groenland, fait en traîneau à chiens.

🌿🌿🌿 Tres monumentos históricos cerca de Langelinie: Las fortificaciones idílicas de la ciudadela de 1629, abierta al público – El Museo de la Resistencia danesa 1940–1945 – La piedra conmemoratoria de la expedición Danmark 1906–1908, uno los grandes viajes exploratorios en Groenlandia con trineos tirados por perros.

In Øster Voldgade by the beautiful "Nyboder", is a statue of the most important builder among Danish kings: Christian IV. The entrance to his castle Rosenborg is in the same street. The Danish crown jewels in all their beauty and splendour are kept here.

In der Straße Øster Voldgade bei der hübschen Siedlung »Nyboder«, steht die Statue des größten Bauherrn unter den dänischen Königen, Christian IV. Von derselben Straße hat man Zutritt zu seinem anmutigen Schloß Rosenborg. Hier werden unter vielen anderen kostbaren Schätzen die dänischen Kronjuwelen in all ihrer Schönheit und Pracht aufbewahrt.

Dans la Øster Voldgade, auprès de la belle petite ville « Nyboder », est placée la statue représentant le plus grand bâtisseur parmi les rois danois, Christian IV. Dans la même rue se trouve l'entrée de son gracieux château, le Rosenborg, où sont conservés, parmi beaucoup d'autres trésors précieux, les joyaux de la couronne danoise.

En la calle Øster Voldgade cerca del hermoso conjunto de casas «Nyboder», está la estatua de Christian IV, el constructor máximo entre los reyes daneses. De esa misma calle se entra a su idílico palacio Rosenborg. Aquí se hallan entre otros muchos tesoros preciosos las joyas de la corona danesa.

As it will appear from the next page, the jewels in The Cronological Collections of the Danish Kings at Rosenborg Palace are not just museum pieces. Christian IV used the Palace as his summer residence. Today it is one of Copenhagen's most important sights.

🙵 Wie man auf der nächsten Seite sieht, sind die Schmuckstücke in der Chronologischen Sammlung der dänischen Könige auf Schloß Rosenborg nicht bloß Museumsstücke. Christian IV. benützte das Schloß als Sommerresidenz. Heute is es eine der bedeutendsten Sehenswurdigkeiten Kopenhagens.

🙵🙵 Comme il résulte del a page suivante les joyaux des Collections des Rois du Danemark au château de Rosenborg ne sont pas seulement des objets de musée. Christian IV se servit de Rosenborg comme habitation d'été. Actuellement le château avec ses chambres style renaissance et ses collections uniques – entre autres choses de la porcelaine Flora Danica – est parmi les monuments les plus importants des Copenhague.

🙵🙵🙵 Como se observará en la página siguiente no son solamente objetos de museo las joyas que se hallan en la colección cronológica de los reyes daneses en el Palacio de Rosenborg. Christian IV usaba este palacio como residencia veraniega. Hoy, por sus salas de estilo del Renacimiento y las colecciones únicas, es una de las cosas más dignas de ver en Copenhague.

Amaliehaven from 1983 is a unique park with French lime stone walls and granite paving from Bornholm, Denmark's only rocky island. It is divided into small sections with a rich vegetation of trees, bushes and flowers on either side of the central fountain shown above with one of the four hypermodern columns in the foreground. A straight line drawn between the fountain and the Marble Church – an impressive building with the largest dome in Scandinavia – runs right through Amalienborg's palace square with the equestrian statue of King Frederik V.

🦢 Amaliehaven aus dem Jahr 1983 ist eine einzigartige Parkanlage, die aus französischen Sandsteinmauern und Granitplatten von Bornholm, der einzigen Felseninsel Dänemarks, besteht. Die Anlage ist in kleine, reich mit Bäumen, Sträuchern und Blumen bepflanzte Abschnitte zu beiden Seiten des in der Mitte befindlichen Springbrunnens unterteilt, den man hier oben mit einer der vier hypermodernen Säulen im Vordergrund sieht. Zieht man eine Gerade vom Springbrunnen zur Marmorkirche – einem imposanten Bauwerk mit der größten Kirchenkuppel Skandinaviens – so geht sie genau mitten durch den Schloßplatz von Amalienborg mit dem Reiterstandbild König Frederiks des Fünften.

🦢🦢 Amaliehaven – le jardin d'Amélie – de 1983 est un parc exceptionnel, composé de murs en grès français et de dalles en granit, venant de Bornholm, la seule île rocheuse du Danemark. Il est divisé en petites parties avec une abondante plantation d'arbres, de buissons et de fleurs des deux côtés de la fontaine centrale, montrée ci-dessus avec au premier plan une des quatre colonnes très modernes. Une ligne droite tirée entre la fontaine et l'église «de marbre», un bâtiment imposant couronné de la plus grande coupole d'église de la Scandinavie, passerait avec précison à traver la place des palais d'Amalienborg avec au milieu la statue équestre du roi Frédéric 5.

🦢🦢🦢 El jardín «Amaliehaven», de 1983, es un parque sin par, con muros de piedras areniscas de Francia y baldosas de granito de Bornholm, la única isla rocosa de Dinamarca. El parque está dispuesto en secciones menores con abundantes plantaciones de árboles, arbustos y flores a ambos lados de la fuente céntrica que se observa arriba, con una de las cuatro columnas ultramodernas en primer plano. Trazándose una línea recta de la fuente a la iglesia Marmorkirken, edificio impresionante dotado de la cúpula de iglesia más grande de Escandinavia, se pasará por el centro de la plaza del palacio de Amalienborg con la estatua ecuestre del rey Frederik Quinto.

The royal Life Guard marches every day at noon through the town from the barracks at Rosenborg Castle to Amalienborg, the residence of Queen Margrethe and Prince Henrik. The pictures on the right give a small impression of the royal apartments. The table in the study is designed by the Queen herself.

🦆 Die königliche Leibgarde marschiert täglich um die Mittagszeit durch die Stadt, von der Kaserne beim Schloß Rosenborg zum Schloß Amalienborg, der Residenz von Königin Margrethe und Prinz Henrik. Die Bilder rechts vermitteln einen kleinen Einblick in die königlichen Gemächer. Die Königin hat den Tisch in ihrem Arbeitszimmer selbst entworfen.

🦆🦆 Tous les jours â midi la garde royale marche â travers la ville, de la caserne près du Rosenborg à l'Amalienborg, résidence de la reine Margrethe et du prince Henrik. Sur les illustrations à droite une petite vue des appartements royaux. La reine a dessiné personellement la table de son cabinet de travail.

🦆🦆🦆 La guardia real va marchando por la ciudad cada día, desde el cuartel junto al Palacio de Rosenborg hasta la residencia de la reina Margrethe y el príncipe consorte Henrik en Amalienborg. Las fotos a la derecha dan un ligero vistazo a los salones de los reyes. La reina misma ha diseñado la mesa de su habitación de trabajo.

When the Queen and the Prince have official visitors, it is traditional that they appear on the balcony of Amalienborg and wave to the population.

🔊 Wenn das Regentenpaar offiziellen Besuch hat, ist es Tradition, daß sie in Amalienborg auf den Balkon hinaustreten und der Kopenhagener Bevölkerung zuwinken.

🔊🔊 Quand le couple royal reçoit des visites officielles, il apparaît par tradition sur un des balcons de l'Amalienborg, pour saluer la population de Copenhague.

🔊🔊🔊 Cuando la reina y el príncipe tienen visita oficial, es tradición que se asoman al balcón de Amalienborg, saludando al pueblo de Copenhague.

On the 16th April, the Queen's birthday, and on other special occasions the Life Guard put on their red gala uniforms. On such festive days the palace square is always full of copenhageners, waving to the royal family on the balcony. Every day at noon the changing of the guard takes place at a military ceremony.

🐦 Am Geburtstag der Königin, dem 16. April, und bei anderen besonderen Gelegenheiten zieht die Leibgarde in roter Galauniform auf. Um 12 Uhr findet die Wachablösung mit militärischem Zeremoniell statt. An solchen Festtagen ist der Schloßplatz immer mit Leuten gespickt, die der königlichen Familie auf dem Balkon zuwinken.

🐦🐦 Le 16 avril, l'anniversaire de la reine, et à d'autres occasions particulières, la garde royale monte en uniformes de galla rouges. De telles journées de fête, la place des palais est toujours remplie de copenhaguois saluant la famille royale sur le balcon. La pose de la garde a midi a lieu avec une cérémonie militaire.

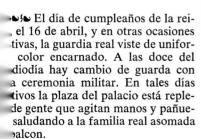 El día de cumpleaños de la rei-
, el 16 de abril, y en otras ocasiones
tivas, la guardia real viste de unifor-
color encarnado. A las doce del
diodía hay cambio de guarda con
a ceremonia militar. En tales días
tivos la plaza del palacio está reple-
de gente que agitan manos y pañue-
saludando a la familia real asomada
alcon.

Everybody is welcome to visit the Town Hall of Copenhagen. Many do it in order to get married. Others do it in order to climb the highest tower of the city (348 ft), or to admire Martin Nyrop's exciting building with hundreds of works of art and quaint details – or to study Jens Olsen's astronomical clock, the most advanced in the world.

Jedermann ist zu einem Besuch im Kopenhagener Rathaus willkommen. Viele kommen, um zu heiraten. Andere, um den höchsten Turm der Stadt (106 m) zu besteigen, oder um das Bauwerk des Architekten Martin Nyrop mit Hunderten von Kunstwerken und schnurrigen Einzelheiten zu bewundern – oder um Jens Olsens astronomische Uhr zu studieren, die die fortschrittlichste in der ganzen Welt ist.

꿿꿿 Tous sont les bienvenus à visiter l'hôtel de ville de Copenhague. Beaucoup le font pour se marier. D'autres pour grimper la tour la plus haute de la ville (106 m), ou pour admirer le bâtiment extraordinaire de l'architecte Martin Nyrop, avec ses centaines d'oeuvres d'art et ses détails curieux, d'autres encore pour étudier l'horloge astronomique de Jens Olsen, au point de vue technique le plus avancé du monde.

꿿꿿꿿 Toda persona que lo desee puede visitar la Casa del Ayuntamiento de Copenhague. Muchos lo hacen para casarse allí. Otros para subir a la torre más alta de la ciudad (106 m) o para admirar el interesante edificio del arquitecto Martin Nyrop con centenares de obras de arte y curiosos detalles – o bien para estudiar el reloj astronómico de Jens Olsen, el más avanzado del mundo.

In the wall above the main entrance to the Town Hall, there is a gilt statue of the founder of the town: Absalon with a sword and a crosier. In the hall above him the town administration have their meetings. To the right the large town hall, where current exhibitions are held now and then. Top right P. S. Krøyer's wall painting of the architect of the Town Hall Martin Nyrop (middle) together with his two closest collaborators: Emil Jørgensen, clerk of works, and Krone, chief maison.

🖎 In der Mauer über dem Haupteingang zum Kopenhagener Rathaus findet sich eine vergoldete Statue des Gründers der Stadt, Absalon, mit Schwert und Bischofsstab. Im darüberliegenden Saal hält die Stadtvertretung ihre Sitzungen ab. Rechts sieht man die große Rathaushalle, wo hin und wieder aktuelle Ausstellungen veranstaltet werden. Rechts oben P. S. Krøyers Wandgemälde, das den Architekten des Rathauses, Martin Nyrop (in der Mitte) zusammen mit seinen beiden engsten Mitarbeitern, Bauführer Emil Jørgensen und Maurerpolier Krone, darstellt.

Along the quays one finds ships of all shapes, as one meets a diversity of art and culture in the museums of the town. The "Water Mother" by Kai Nielsen is in the Glyptotck, also housing one af the finest collections of ancient art, and the largest collection of impressionist art outside France.

🐦 An den Kais sieht man Schiffe aller Arten, und in den Museen findet man Kunst und Kultur aller Abschattungen. Kai Nielsens Wassermutter befindet sich in der Glyptothek, die auch antike Kunst und die größte Sammlung impressionistischer Gemälde außerhalb Frankreichs beherbergt.

🐦🐦 Aux quais on voit des navires de toutes les catégories comme aux musées l'art sous toutes ses formes. Du sculpteur Kai Nielsen «la mère des eaux» se trouve à la Glyptothéque, un des meilleurs musées pour l'art antique, et contenant la plus grande collection d'art impressioniste hors de la France

🐦🐦🐦 En los muelles se ven buques de todos los tipos y en los museos arte de todas la modalidades. La obra «La Madre de las Aguas» por Kai Nielsen está en la Gliptoteca, notable de arte antigua y que contiene también la colección mas grande fuera de Francia, de arte impressionista.

A un coin de la place de l'hôtel de ville, le poète Hans Christian Andersen a les yeux fixés sur le jardin féerique, le Tivoli, de l'autre côté du boulevard qui porte son nom.

Al borde de la plaza del Ayunmiento se ve al poeta Hans Christian Andersen mirando hacia el parque maravilloso de Tivoli al otro laso de la avenida que lleva el nombre del poeta.

In the corner of the Town Hall Square the poet Hans Christian Andersen is sitting, staring towards the fairytale garden Tivoli on the other side of the boulevard, which carries his name.

In einer Ecke des Rathausplatzes sitzt der Dichter Hans Christian Andersen und starrt hinüber zum Märchenpark Tivoli auf der anderen Seite des Boulevards, der seinen Namen trägt.

Tivoli is the biggest tourist attraction in Copenhagen with its abundance of flowers, fountains and coloured lamps. Pantomimes and ballets are performed here every day, and international acts too, here are miniature boats, roundabouts, swing boats etc., and everywhere in the garden you hear music from concert stands or from the Tivoligarden Band. 🦢 Das Tivoli ist die größte Touristenattraktion Kopenhagens mit seiner Vielfalt von Blumen, Springbrunnen und farbigen Lampen.

Hier gibt es jeden Tag Pantomimen- und Ballettvorstellungen, ebenso wie internationale Artisten auftreten, hier gibt es Miniaturboote, Karusselle, Luftschaukeln usw., und überall im Park hört man Musik von offenen Orchestertribünen oder vom Musikkorps der Tivoligarde. 🦢🦢 Le Tivoli est la plus grande attraction touristique de Copenhague. Le jardin a une richesse de

fleurs, de fontaines et de lampions de couleur, et chaque jour a ses représentations de pantomimes, de ballets et d'artistes internationaux. On trouve ici des bateaux miniature, des manèges, des balançoires etc., et partout on entend la musique, des tribunes d'orchestre en plein air, ou du corps de musique de la garde du Tivoli.

&&& El parque de Tivoli es la atracción turística número uno, con su abundancia de flores, fuentes ornamentadas y farolillos venecianos. Todos los días se dan aquí representaciones de pantomima y ballets, hay actuaciones de artistas de circo internacionales, botes miniatura, tíos vivos, barcas voladoras, y mucho más, y por todas partes hay orquestas que ejecutan música de tribunas al aire libre o se oye la charanga de la Guardia de Tivoli.

All the corners of the earth have le[ft] inspiration to the architecture of T[i]voli. Neon lights are banned, but [in] the evening the garden is illuminat[ed] by 100,000 bulbs. 🙚 Das Tivoli h[at] sich zu seiner Architektur aus al[ler] Welt inspirieren lassen. Neonlic[ht] kommt nicht in Frage, vielmehr wi[rd] der Park am Abend von mehr [als] 100.000 Glühbirnen illuminiert. 🙚 L'architecture du Tivoli a trouvé s[on] inspiration dans tous les coins [du] monde. La lumière au néon est ba[n]nie, mais le soir le jardin est illumi[né] par plus de 100.000 ampoules. 🙚🙚 La arquitectura de Tivoli se ha ins[pi]rado en rasgos de todas partes [del] mundo. La luz neón no se tolera a[quí] en absoluto, pero de noche el par[que] está iluminado por más de 100.0[00] bombillas.

Until 1869, Copenhagen was protected by fortifications and ramparts almost along the railway-line which intersects the city. All that can be seen on the right hand side of the picture lies outside the old town area, including the three lakes St. Jørgen's Lake, Peblinge Lake and Sortedam's Lake. They are so long that many tourists believe they are a river. In the summer the youth of Copenhagen go sailing on the Lakes.

🕊 Bis 1869 war Kopenhagen durch eine Festungsanlage und Wälle ungefähr an der Linie entlang geschützt, wo jetzt der Eisenbahngraben die Stadt durchschneidet. Alles was im Bilde rechts zu sehen ist, liegt außerhalb des alten Stadtbereichs, einschließlich der drei Seen St. Jørgens Sø, Peblinge Sø und Sortedams Sø, die so lang sind, daß viele Touristen glauben, es sei ein Fluß. Im Sommer befährt die Kopenhagener Jugend die Seen mit Jollen.

🕊🕊 Jusqu'à 1869 Copenhague était protégé par des fortifications et des remparts, à peu près suivant la ligne du chemin de fer attraversant la ville. Tout sur l'illustration à droite se trouve hors de la cité, les trois lacs inclus, St. Jørgens Sø, Peblinge Sø et Sortedams Sø, qui sont si longs que beaucoup de touristes croient voir un fleuve. Pendant l'été la jeunesse de Copenhague pratique la navigation en youles sur les lacs.

🕊🕊🕊 Hasta 1869 Copenhague estuvo protegida por fortificaciones y murallas, más o menos siguiendo la línea trazada hoy por la vía de ferrocarril de la ciudad. Todo lo que se ve en la foto a la derecha está fuera de la antigua área urbana, también los tres lagos de Sct. Jørgen, Peblinge y Sortedam que por muchos turistas se toman de un río por lo largo que son. En verano la juventud copenhaguense se divierta aquí navegando en sus yolas.

The Main Station, situated on the west side of Tivoli, is buzzing with life almost 24 hours a day. In the big hall there are shops, a post office, a bank, a booking-office for hotels and rooms etc.

🐦 Der Hauptbahnhof unmittelbar westlich des Tivoli siedet vor Geschäftigkeit beinahe rund um die Uhr. In der großen Bahnhofshalle gibt es ein Postamt, eine Bank, Geschäftsläden, Hotel- und Zimmernachweis usw.

🐦🐦 La gare centrale à ouest du Tivoli bourdonne en activité jour et nuit. Dans la grande halle il y a un bureau de poste, une banque, des magasins, un bureau de renseignements sur les hôtels et les logements privés, etc.

🐦🐦🐦 La estación de ferrocarril central al lado occidental de Tivoli está en plena actividad, práticamente día y noche. En el gran hall de la estación hay oficina de correo, banco, tiendas, asignación de hoteles y habitaciones, etc.

In the middle of the busy Vesterbrogade, almost opposite the Main Station, is Frihedsstøtten (Liberty Memorial) – a sandstone obelisk with four marble statues, commemorating the peasant reforms in 1788, which gave the Danish peasants their personal freedom. When the monument was erected here in 1797, the area was rural and outside the city.

🌸 Mitten in der regen Vesterbrogade steht die Freiheitsstatue (Frihedsstøt-ten) zur Erinnerung an die Bauernre-formen des Jahres 1788, durch die dänische Bauern ihre persönliche Frei-heit erlangten. Als das Denkmal 1797 hier errichtet wurde, stand es in einer ländlichen Umgebung außerhalb der Hauptstadt.

🌸🌸 Au milieu de la Vesterbrogade se trouve le monument de la liberté, Frihedsstøtten, rappelant les réformes agricoles, comprenant l'affranchisse-ments des paysans. Quand le monu-ment fut élévé ici en 1797, il se trou-vait à la campagne hors de Copen-hague.

🌸🌸🌸 En medio de la calle muy tra-ficada de Vesterbrogade se alza Fri-hedsstøtten eregido en memoria de la reforma agraria que en 1788 llevó consigo la liberación personal del campesino danés. En 1797, año en que fue eregido el momumento, ese lugar era campo y fuera del área de la capital.

The gaily gushing Caritas fountain on Gammeltorv from 1610 is the only remaining Danish renaissance well. ❧ Der lustig schäumende Caritas-Springbrunnen auf dem Gammeltorv aus dem Jahre 1610 ist der einzige erhalten gebliebene Renaissancebrunnen Dänemarks. ❧❧ Les gaies cascades de la fontaine de Caritas à Gammeltorv jouent depuis 1610; la fontaine est la seule conservée de la renaissance au Danemark. ❧❧❧ La fuente de Caritas con sus salticantes y finos chorros de agua, data de 1610 y es la única fuente del Renacimiento conservada en Dinamarca.

The Cathedral, Our Lady, originally from the 12th c., is situated between Gammeltorv and the University of Copenhagen. After the bombardment of Copenhagen by the English in 1807, it was reerected in its present state. Thorvaldsen has decorated the church with his famous statues of the 12 apostles and the figure of Christ at the altar.

🙚 Zwischen dem Gammeltorv und der Universität Kopenhagen liegt der Dom, die Frauenkirche, die ursprünglich aus dem 12. Jahrhundert stammt. Nach dem Bombardement Kopenhagens durch die Engländer im Jahre 1807 wurde sie in ihrer jetzigen Gestalt wiederaufgebaut. Thorvaldsen hat die Kirche mit seinen berühmten Skulpturen der zwölf Apostel und der Christusfigur beim Altar ausgeschmückt.

🙚🙚 Entre le Gammeltorv et l'université de Copenhague se trouve la cathèdrale, Vor Frue Kirke (Notre Dame), à l'origine du 12e siècle. Après le bombardement anglais de Copenhague en 1807, elle fut reconstruite et eut sa forme actuelle. Le sculpteur danois, Bertel Thorvaldsen, a orné l'église de ses fameuses sculptures des douze apôtres, et a placé à l'autel le Christ.

🙚🙚🙚 Entre la plaza Gammeltorv y la universidad de Copenhague está la catedral, la Iglesia de Nuestra Señora, que data originalmente del siglo doce. Después del bombardeo de Copenhague por los ingleses en 1807, fue eregida de nuevo en su forma actual. Thorvaldsen ha adornado la iglesia con sus renombradas esculturas de los doce apóstoles y la figura de Cristo al altar.

The courthouse on Nytorv, built 1815 and "Rundetårn" – the Round Tower (1642) seen from the student hostel Regensen. The tower you can climb by a 985 feet spiral ramp.

❧ Das Gerichtsgebäude auf dem Nytorv, aufgeführt 1815 und »Rundetårn« – der Rundturm (1642), von dem Studentenwohnheim Regensen gesehen. Den Turm kann man im Wege eines 209 m langen Schneckenganges besteigen.

❧❧ Le palais de justice construit au Nytorv en 1815 et « Rundetårn » – la tour ronde (1642) vue de la fondation pour étudiants, Regensen. On monte sur la tour par une rampe en colimaçon d'une longueur de 209 m.

❧❧❧ El Juzgado Municipal en Nytorv, contruido en 1815 y «Rundetårn» – la torre redonda (1642) visto de la residencia de estudiantes universitarios, Regensen. A la torre se sube por un paso de caracol de 209 metros de largo.

From the top of The Round Tower there is a wide view of the old Copenhagen – here seen through the wrought-iron latti
of Caspar Fincke. The Round Tower was built in connection with the Trinity Church (Trinitatis Kirke), finished in 165
🖎 Von der Spitze des Rundturms bietet sich eine weite Aussicht auf das alte Kopenhagen – hier durch Caspar Finck
schmiedeeisernes Gitter gesehen. Der Rundturm wurde in Verbindung mit der Dreifaltigkeitskirche (Trinitatiskirche),
1656 fertig wurde, erbaut.
🖎🖎 Du haut de Rundetårn (la tour ronde) il y a une vue étendue sur la vieille Copenhague, vue ici à travers le grillage
fer forgé de Caspar Fincke. Rundetårn fut bâtie conjointement avec l'Eglise de la Trinité (Trinitatis), terminée en 1656.
🖎🖎🖎 Desde lo alto de Rundetårn, la Torre Redonda, se tiene una vista extensa de la antigua Copenhague – aquí a través
la cancela hecha por Caspar Fincke. Rundetårn está edificada como parte de la iglesia de la Trinidad, Trinitatis, termina
en 1656.

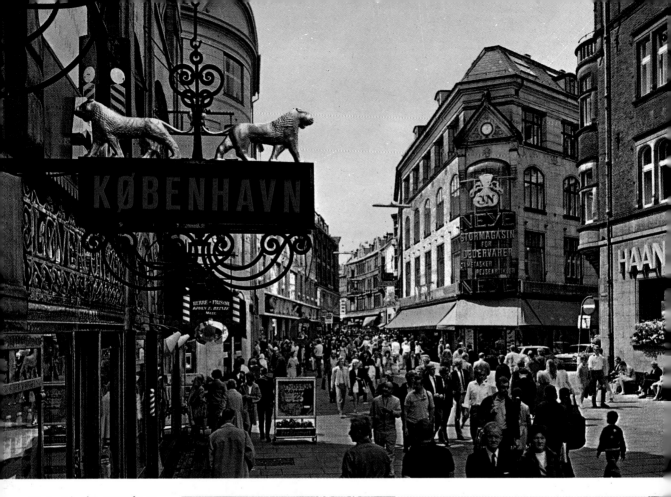

Strøget is the copenhagener's nickname of the longest European pedestrian street (1 mile) which winds from Town Hall Square to Kongens Nytorv. ✍ »Strøget« ist der Spitzname der Kopenhagener für die längste Fußgängerstraße Europas (1,6 km), die sich vom Rathausplatz bis zum Kongens Nytorv schlängelt. ✍ « Strøget » est à Copenhague le nom familier de la plus longue rue piétonière de l'Europe. Elle a 1,6 km, et elle serpente de la place de l'hôtel de ville à la place de Kongens Nytorv. ✍ «Strøget» es el nombre popular copenhaguense de la calle peatonal más larga de Europa (1,6 km) que se serpentea desde la plaza del Ayuntamiento hasta la plaza de Kongens Nytorv.

Among the sights of Strøget is Helligåndskirken – Church of the Holy Spirit – with the font made by Thorvaldsen. Originally the church belonged to the Hospital of the Holy Spirit, founded 1295. ᥫ Zu den Sehenswürdigkeiten von Strøget gehört die Heiligengeistkirche mit Thorvaldsens Taufstein. Die Kirche gehörte ursprünglich zum Heiligengeistspital, das 1295 gegründet wurde. ᥫᥫ Parmi les monuments de Strøget se trouve la Helligåndskirke (l'église du Saint-Esprit) contenant des fonts baptismaux de Thorvaldsen. A l'origine, l'église faisait partie de l'hospice du Saint-Esprit, fondé en 1295. ᥫᥫᥫ Entre las cosas dignas de ver en «Strøget» se halla la Iglesia del Espíritu Santo con la pila bautismal de Thorvaldsen. Esta iglesia originalmente estuvo conectada con el Hospital del Espíritu Santo, fundado en 1295.

Gråbrødretorv in the heart of the town is as old as Copenhagen itself. Throughout the summer, songs and music is heard, whether it comes from Spanish students singing and playing the guitar or from professional orchestras and soloists. Tourists from all over world meet at the seven pavement restaurants or under the large plane tree, drinking beer or discussing.

❧ Gråbrødretorv im Herzen der Stadt ist ebensoalt wie Kopenhagen selbst. Hier erklingt den Sommer hindurch Gesang und Musik, ob es nun spanische Studenten sind, die singen und Gitarre spielen, oder professionelle Orchester und Solisten. Touristen aus aller Herren Ländern treffen sich in den sieben Freiluftcafés oder auf der Bank unter der großen Platane, wo Bier getrunken oder diskutiert wird.

❧❧ Au coeur de la ville, le Gråbrødretorv (la place des frères gris-les franciscains) est du même âge que la ville. Pendant tout l'été on y entend le chant et la musique, se sont peut-être des étudiants éspagnols chantant et jouant de la guitare ou des orchestres et solistes professionels. Les touristes du monde entier se rencontrent dans les sept restaurants en plein air ou sur le banc autour du grand platane, où on boit de la bière en discutant vivement.

La plaza de Gråbrødretorv en el corazón de la capital es tan antigua como la ciudad misma. Aquí se oye cantos y música todo el verano, sea de estudiantes españoles que cantan y tocan la guitarra, sea de orquestas y solistas profesionales. Turistas de todas partes del mundo se reunen en los siete cafés de la plaza con servicios en la acera o en el banco debajo del gran plátano tomando cerveza y discutiendo.

Old guild signs alternate with traffic signs in the narrow winding streets. They are almost all one-way streets and best suited for pedestrians. Even copenhageners have difficulty in finding their way round, if in their car.

Alte Handwerkerschilder wechseln mit Verkehrszeichen in den schmalen, winkeligen Gäßchen. Sie sind fast alle einbahnig und eignen sich am besten für Fußgänger. Selbst Kopenhagenern kann es schwer fallen, sich hier zurechtzufinden, wenn sie im Auto fahren.

Les vieilles enseignes des artisans se mêlent avec les signaux de circulation dans les rues étroites et sinueuses, qui presque toutes sont à sens uni et conviennent surtout pour la promenade à pied. Même les citoyens ont du mal a circuler en auto.

Las antiguas muestras de artesanos se alternan con modernas señales de tráfico en las estrechas calles retorcidas. Casi todas son de dirección única y mejor adecuadas para peatones. Hasta a los copenhaguenses les cuesta orientarse si van en automóvil.

Christiansborg Castle is the seat of the Danish Parliament. It is built on the ruins of Absalon's original castle from 1167. The building with the verdigris roof houses the Folketing as well as the Supreme Court, and the Queen's and the ministers' reception rooms. To this impressive building complex belong also the Royal Stable and riding grounds, the Theatre Museum, and Tøjhusmuseet (Museum of Arms and Uniforms) where the enormous collection is displayed in the longest halls in Europe.

Schloß Christiansborg ist das Parlamentsgebäude Dänemarks. Es wurde auf den Ruinen der ursprünglichen Festung Absalons aus dem Jahre 1167 erbaut. Das Schloß mit dem grünspanfarbigen Kupferdach beherbergt außer dem Folketing auch den Obersten Gerichtshof, sowie die Repräsentationsräume der Königin und der Minister. Zu dem imposanten Gebäudekomplex gehören ferner die königlichen Stallungen und Reitschulen, das Theatermuseum und das Zeughausmuseum mit einer enormen Ausstellung von Waffen und Uniformen in den längsten Sälen Europas.

Le château de Christiansborg est le palais du parlement. Il est construit sur les ruines de la forteresse d'Absalon de 1167. Le château aux toits couleur vert-de-gris contient en outre que le Folketing – la chambre des députés – la Cour Suprème et les appartements de représentation de la reine et des ministères. Faisant partie de l'énorme bloc d'édifices il faut nommer les écuries royales et les manèges, le musèe du théâtre et le Tøjhusmuseet – le musèe royal de l'arsenal – avec ses très riches collections d'armes et d'uniformes dans les plus longues salles de l'Europe.

El Palacio de Christiansborg, sede del parlamento danés. Está construido encima de las ruinas de la fortificación primitiva de Absalon del año 1167. El palacio con techo de cobre cardenillo encierra, ademá del parlamento danés, el Folketing, también el Tribunal Supremo y los salones de recepciones oficiales de la reina y los ministros. A este gran complejo de edificios pertenecen asimismo los establos y hipódromos reales, el Museo del Teatro y de la Armería, con una inmensa exposición de armas y uniformes instalada en las salas más largas de Europa.

The exit at the back of Christiansborg leads across the Marble Bridge to the National Museum, the biggest in Scandinavia, housing numerous national treasures, for example gold jewels from the Viking period.

🐦 Durch das Hintertor von Christiansborg kommt man über die Marmorbrücke zum Nationalmuseum, dem größten des Nordens, mit unzähligen Kulturdenkmälern, z. B. Goldschmuck aus der Wikingerzeit.

🐦🐦 A travers le manège en plein air du château on sort par le Marmorbro – le pont de marbre – pour visiter le Nationalmuseum, le plus grand de la Scandinavie, dont les collections témoignent des cultures d'autres siècles. Un exemple: les parures en or du temps des vikings.

🐦🐦🐦 De la parte trasera de Christiansborg se llega por el puente de mármol al Museo Nacional, el más grande del Norte, con un sinnúmero de objetos de la historia cultural, como por ejemplo alhajas de la época de los vikingos.

Among the many rooms of Christiansborg Castle you find the one housing the Folketing, where the 179 members pass the laws of the land, and the Throne Room. Tourists are admitted to the Queen's splendid reception rooms, but out of regard for the irreplaceable parquet floors, you are given slippers to wear over your shoes.

🙠 Zu den vielen Räumen des Schlosses Christiansborg zählen der Folketingssaal, wo 179 Mitglieder die Gesetze des Landes beschließen, und der Thronsaal. Touristen haben Zutritt zu den vornehmen Repräsentationsräumen der Königin, doch bekommt man aus Rücksicht auf die unersetzlichen Parkettböden Pantoffeln ausgehändigt, die man über die Schuhe anzieht.

🙠🙠 Parmi les nombreuses salles du château de Christiansborg il y a celle du Folketing–chambre des députés – et la salle du trône. Les touristes peuvent visiter les belles salles de représentations de la reine, mais pour protéger les parquets précieux il faut mettre des pantoufles par-dessus les souliers.

🙠🙠🙠 Una de las muchas salas del Palacio de Christiansborg es la del parlamento danés, el Folketing, donde 179 delegados votan las leyes del país. Otra es la Sala del Trono. Los turistas tienen acceso a las preciosas salas de representación de la reina, pero para proteger los insustituibles pisos de parquét se entregan a los visitantes pantuflos que deben ponerse encima de los zapatos antes de entrar.

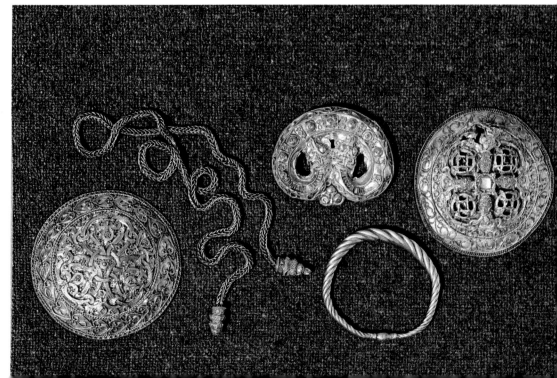

In the tourist season, it is possible to go on an exiting boat ride in the canals of Copenhagen. The boats depart every half hour from Gammel Strand where there is a statue of one of the fishing women, who for centuries have sold fresh fish here.

In der Fremdenverkehrssaison kann man eine spannende Bootrundfahrt durch die Kanäle Kopenhagens machen. Die Boote fahren alle halben Stunden ab – z. B. vom Gammel Strand mit der Gendenkstatue für die Fischersfrauen, die hier Jahrhunderte hindurch frishgefangene Fische verkauften.

Pendant la saison touristique on peut faire une promenade intéressante en bateau sur les canaux et dans le port de Copenhague. Les bateaux partent toutes les demies de la Gammel Strand, où se trouve le monument de la poissonnière. Pendant des siècles les femmes ont vendu du poisson frais à cet endroit.

En la temporada turística hay recorridos en motolanchas por los canales de Copenhague. Los botes salen cada media hora, por ejemplo del mercado de pescado en Gammel Strand, cerca de la estatua recordatoria de las pescaderas que hace siglos está vendiendo aquí el pascado fresco.

Thorvaldsen's Museum (above) houses the life-work of the famous artist. To the left Holmen's Church from 1619.

🖎 Thorvaldsens Museum (hier oben) enthält das Lebenswerk des berühmten Künstlers. Links die Holmen-Kirche aus dem Jahre 1619.

🖎🖎 Le musée Thorvaldsen (ci-dessus) contient les oeuvres de l'illustre artiste. A gauche la Holmens kirke – l'église de la marine – datant de 1619.

🖎🖎🖎 El Museo de Thorvaldsen (arriba) encierra la obra de vida del renombrado escultor. A la izquierda la iglesia Holmens Kirke, de 1619.

The twisted spire of the Bourse of Copenhagen represents four intertwined dragon tails, which still guard the guests of the Bourse. The beautiful interesting building was built 1619–40 by King Christian IV. The Ministry of Finance is situated behind the Bourse in the Chancellery.

🙙 Die gewundene Turmspitze der Kopenhagener Börse stellt die ineinander verschlungenen Schwänze von vier Drachen dar, die ständig über die Gäste der Börse wachen. Der schöne, festliche Bau wurde 1619–40 von Christian IV aufgeführt. Hinter der Börse liegt das Finanzministerium im Kanzleigebäude mit dem charakteristischen Mauerrelief.

🙙🙙 La flèche en spirale de Børsen – la bourse de Copenhague – est formée des queues de quatre dragons, gardiens fidèles des hôtes de la bourse. Le beau et gai bâtiment fut élévé de 1619 à 1640 par Christian IV. Derrière la bourse, le ministère des finances réside dans le Kancellibygning. La facade porte le relief caractéristique représenté à gauche.

🙙🙙🙙 La torre de la Bolsa de Copenhague, rematada por la aguja representando las colas entrelazadas de cuatro dragones que velan siempre sobre los visitantes de la Bolsa. El hermoso y elegante edificio, está construido de 1619–40 por Christian IV. Detrás de la Bolsa está el Ministerio de Hacienda en el edificio de cancillería.

On Kongens Nytorv we find The Royal Theatre, the Danish national theatre, where plays, opera and ballet are performed – sometimes in the same performance. The Royal Danish Ballet is highly estemed and has a large international audience. Bournonville, the most important ballet master and coreographer of the theatre, created in the 19th c. a comprehensive ballet repertoire, among others "A Legend" (picture).

Auf dem Kongens Nytorv finden wir das Königliche Theater, die dänische Nationalbühne, wo sowohl Schauspiele als auch Opern und Ballette aufgeführt werden. Der bedeutendste Ballettmeister und Choreograph des Theaters durch die Zeiten, Bournonville, schuf im 19. Jahrhundert ein umfassendes dänisches Ballettrepertoire, darunter »Et folkesagn« (Eine Volkssage; Abbilddung).

A la place de Kongens Nytorv se trouve le théâtre royal, la scène nationale du drama, de l'opéra et du ballet. Le corps de ballet royal du Danemark est en grande estime et attire un public international. Son plus remarquable maître de ballet et choréographe en tout temps, Bournonville, créa au siècle dernier un vaste répertoire de ballets danois, parmi lesquels Et Folkesagn (une légende populaire) – (l'illustration).

Not far from Kongens Nytorv, at the end of Lille Kirkestræde in the old part of Copenhagen, you find Nicolaj Church in which exhibitions and concerts take place regularly. ❧ Nicht weit vom Kongens Nytorv, am Ende der Lille Kirkestræde im alten Stadtteil von Kopenhagen, liegt die Sankt-Nikolaj-Kirche, wo regelmäßig Konzerte und Ausstellungen stattfinden.❧❧ Non loin de Kongens Nytorv, au bout de la Lille Kirkestræde, dans la cité, se trouve la Nikolaj kirke – l'église de Nicolas – où ont lieu des concerts et où la ville organise des expositions. ❧❧❧ No lejos de la plaza de Kongens Nytorv, al final de la calle Lille Kirkestræde en el casco antiguo de Copenhague, está la Iglesia de San Nicolás, donde frecuentemente hay conciertos y exposiciones.

Foto: Rigmor Mydtskov

❧❧❧En Kongens Nytorv vemos el Teatro Real, escena nacional de Dinamarca, donde se representan tanto comedia como ópera y ballet. El maestro de ballet y coreógrafo más destacado a través de los tiempos, Bournonville, formó en el siglo diecinueve un amplio repertorio de ballets daneses, entre ellos «Una leyenda popular» (la foto).

Kongens Nytorv adjoins Nyhavn, the sailors' street. Here there is a large anchor, put there in memory of the Danish seamen who lost their lives during the Second World War.

Nyhavn consists of two rows of picturesque old houses on either side of a canal. Behind the restored facades there are luxurious flats and elegant restaurants but also tatooshops, "topless" discoteques and sailors' pubs with dancing and music almost 24 hours a day.

During two period of his life, Hans Christian Andersen lived in Nyhavn and wrote many fairytales there.

🙛 Kongens Nytorv grenzt an die Seemannsstraße Nyhavn. Hier liegt ein großer Anker als Denkmal für dänische Seeleute, die im Zweiten Weltkrieg ums Leben kamen. Nyhavn besteht aus zwei Reihen idyllischer alter Häuser zu beiden Seiten eines Kanals. Hinter den restaurierten Fassaden findet man Luxuswohnungen und elegante Lokale, aber auch Tätowierläden, »Oben ohne«-Diskotheken und Seemannskneipen mit Tanz und Musik fast rund um die Uhr. Der Dichter Hans Chritsian Andersen wohnte während zweier Perioden seines Leben in Nyhavn und schrieb viele seiner Märchen hier. 🙛🙛 La rue des marins, le Nyhavn, est voisine de Kongens Nytorv. Devant le port, une grande ancre rappelle les marins danois morts pendant la deuxième guerre mondiale. Le Nyhavn consiste en deux rangs de vieilles maisons pittoresques des deux côtes d'un canal. Derrière les faces restaurées se trouvent des appartements de luxe et des restaurants élégants, mais aussi des tatoueurs, des discotéques «uni-pièce» et des gargotes où on danse et joue de la musique presque jour et nuit. Le poète Hans Christian Andersen habitait au Nyhavn pendant deux périodes de sa vie, et il a écrit là beaucoup de ses contes. 🙛🙛🙛 De Kongens Nytorv desemboca la calle de los marineros, Nyhavn. He aquí una gran ancla en memoria de los navegantes daneses que perdieron la vida en la Segunda Guerra Mundial. Nyhavn está formada por dos filas de antiguas casas idílicas a sendos lados de un canal. Detrás de las fachadas restauradas se hallan apartamentos de lujo y elegantes restaurantes, pero hay también negocios para tatuaje, discotecas hipermodernas y boites marineros con baile y música día y noche. El poeta Hans Christian Andersen vivía en Nyhavn durante dos períodos de su vida y escribió aquí muchos des sus cuentos de hadas.

The spire of the beautiful Church of Our Saviour on Christianshavn can only by mounted on the outside. There are 400 steps in all, but the reward is a magnificent panorama of Copenhagen. ⚓ Den Turm der schönen Erlöserkirche im Stadtteil Christianshavn kann man nur von außen besteigen. Er hat insgesamt 400 Stufen. Dann hat man aber auch eine prachtvolle Aussicht auf Kopenhagen. ⚓⚓ L'ascension de la belle église du sauveur – Vor Frelsers kirke – se fait par l'escalier en saillie. En tout 400 marches, mais recompensées par une vue splendide. ⚓⚓⚓ A la aguja de la Iglesia del Salvador en Christianshavn sólo hay acceso por una escalera exterior. Pero, arriba le espera una magnífica vista de Copenhague.

The majestic Grundtvigskirke in Copenhagen is about 40 years old. Roskilde Cathedral is quite 800 years old and houses the majority of the Danish royal tombs. Below the churches are seen details from the Copenhagen Zoo and from the Deear Park to the North of the city.
"The Four Winds" is the first sculpture to meet the tourist flying to Copenhagen. It is at the airport.

🐦 Die majestätische Grundtvigskirche in Kopenhagen ist gut 40 Jahre alt. Der Dom zu Roskilde is gut 800 Jahre alt und umschließt den Großteil der dänischen Königsgräber. Unter den Kirchen sieht man einen Schimmer des Kopenhagener Zoos und des Hirschparks Dyrehaven nördlich der Stadt.
»Die vier Winde« sind die erste Skulptur, die der fliegende Tourist in Kopenhagen zu sehen bekommt. Sie steht im Flughafen.

🐦🐦 La majestueuse église de Grundtvig – Grundtvigskirke – à Copenhague fut terminée il y une quarantaine d'années. La cathédrale de Roskilde a plus de 800 ans et abrite une grande partie des tombes royales danoises. Au-dessous des églises une vue du Zoo de Copenhague et une de Dyrehaven – le bois aux cerfs – avec le pavillon de plaisance royal au-dessus de la plaine de l'Ermitage.
« Les quatre vents » est la première sculpture que voit le touriste venant par la voie de l'air à Copenhague. Elle se trouve à l'airport.

🐦🐦🐦 La majestuosa Iglesia de Grundtvig en Copenhague tiene algo más de 40 años de vida. La catedral de Roskilde tiene algo más de 800 años. En ella está la mayoría de los sepulcros de los reyes daneses. Las fotos debajo de las iglesias dan un vistazo del Jardín Zoológico de Copenhague y del Parque de los Ciervos al norte de la capital.
« Los cuatro vientos » es la primera escultura con que se encuentra el turista que llega por avión a Copenhague. Está en el aeropuerto.

Frederiksborg Castle
in Hillerød. The
neighbouring Fre-
densborg Castle, is
the spring and au-
tumn residence of
the royal family. ✒
Schloß Frederiksborg
in Hillerød. Das nahe
gelegene Schloß Fre-
densborg ist die kö-
nigliche Frühjahrs-
und Herbstresidenz.
✒✒ Le château de
Frederiksborg à Hil-
lerød. Non loin de là
le château de Fre-
densborg est la rési-
dence de la famille
royale au printemps
et à l'automne.✒✒✒
El Palacio de Frede-
riksborg de Hillerød.
El cercano Palacio de
Fredensborg es resi-
dencia real en prima-
vera y otoño.

Kronborg in Elsinore. It was built 1420 to protect the entrance to Øresund and to secure the collection of Sound dues. Shakespeare made the castle world-famous when he laid the scene of Hamlet here.

🦢 Kronborg in Helsingør wurde 1420 zum Schutz der Einfahrt durch den Øresund und zur Sicherung der Einhebung des Øresundszolls aufgeführt. Shakespeare machte das Schloß weltbekannt, als er die Handlung seines »Hamlet« hierher verlegte.

🦢🦢 Le Kronborg à Elseneur – Helsingør – est construit en 1420 pour la défense de l'entrée du détroit de l'Øresund et pour assurer la perception du péage du Sund. Shakespeare a donné au château une renommée mondiale en localisant ici le drame de son « Hamlet ».

🦢🦢🦢 Kronborg, de Elsinore, está construido en 1420 como fortaleza para defender la entrada al Sund y para asegurar la recaudación de la denominada «Aduana del Sund». Shakespeare hizo conocer al castillo en todo el mundo cuando situó la acción de «Amlet» en ese lugar.

Wonderful Copenhagen – the title of this book – is the world-famous slogan launched in 1952 by Danny Kaye in the film "Hans Christian Andersen". But there are also other bons mots about the city. *The Paris of the North* is one of them. *The city of the beautiful towers* is another, made up by the manager of the Carlsberg Breweries Carl Jacobsen in 1910. And – even though the regent is a Queen – all Danes know their capital as *The King's Copenhagen.*

ʃ✑ *Wonderful Copenhagen* – Herrliches Kopenhagen – der Titel dieses Buches – ist der weltbekannte Slogan, den Danny Kaye im Jahr 1952 in dem Film »Hans Christian Andersen« lancierte. Et gibt aber auch andere wohlbekannte Bonmots über die Stadt. *Das Paris des Nordens* wurde sie genannt. *Die Stadt mit den schönen Türmen* nannte sie der Direktor der Carlsberg-Brauereien, Carl Jacobsen, Im Jahr 1910. Und – obwohl Dänemark heute von einer Königin regiert wird – kennen alle Dänen ihre Hauptstadt als *des Königs Kopenhagen.*

ʃ✑ʃ✑ *Wonderful Copenhagen.* Merveilleuse Copenhag le titre de ce livre, est le slogan connu au monde ent lancé en 1952 par Danny Kaye dans le film «Hans Ch stian Andersen». Mais la ville a d'autres titres bien c nus comme p. ex. *Le Paris du Nord.* En 1910, le dir teur des brasseries Carlsberg la nommait *La Ville belles Tours.* Et bien que actuellement le souverain s une reine, tout danois connaît la capitale sous le nom *Copenhague du Roi.*

ʃ✑ʃ✑ʃ✑ *Wonderful Copenhagen,* Maravillosa Copenhag – el título de este libro – es el eslógan de fama mund lanzado en 1952 por Danny Kaye en la película «H Christian Andersen». Pero, la capital tiene también ot sobrenombres bien aceptados. *París del Norte* se la denominado. *La Ciudad de las bellas Torres,* como la n bró en 1910 el gerente de las Cervecerías de Carlsbe Carl Jacobsen. Y – si bien el regente hoy es una re – los daneses todos reconocen a su capital como *Copenhague del Rey.*

Printed in Italy by Kina Italia SpA
Published by Grønlund's Copenha